La vida secreta de los INSECTOS

Escrito por
Jess French

Ilustrado por
Claire McElfatrick

DK | Penguin Random House

Escrito por Jess French
Ilustración Claire McElfatrick
Edición sénior Satu Hämeenaho-Fox
Edición del proyecto Clare Lloyd
Edición de arte sénior Claire Patane
Diseño Rachael Hare
Asistencia editorial Becky Walsh
Asesoramiento pedagógico Jenny Lane-Smith
Producción sénior, preproducción Nikoleta Parasaki
Asistencia de preproducción Abigail Maxwell
Producción Inderjit Bhullar
Diseño de cubierta Claire Patane
Coordinación de la cubierta Isobel Walsh
Búsqueda iconográfica Sakshi Saluja
Dirección editorial Penny Smith
Dirección editorial de arte Mabel Chan
Dirección creativa Helen Senior
Dirección de publicaciones Sarah Larter

Servicios editoriales Tinta Simpàtica
Traducción Núria Parés

Publicado originalmente en Gran Bretaña en 2020 por
Dorling Kindersley Limited
DK, One Embassy Gardens, 8 Viaduct Gardens,
London, SW11 7BW

Copyright © 2020 Dorling Kindersley Limited
© Traducción española: 2020 Dorling Kindersley Ltd
Parte de Penguin Random House

Título original: *The Book of Brilliant Bugs*
Primera edición: 2020

ISBN: 978-0-7440-2711-2

Impreso en China

Para mentes curiosas
www.dkespañol.com

INTRODUCCIÓN

Todo es posible en el brillante mundo de los insectos. Estos animales extraordinarios están por todo el planeta, comparten la Tierra con nosotros y viven bajo nuestros pies. Pero pese a su extraña apariencia y su comportamiento fascinante, no solemos prestarles demasiada atención, simplemente porque son muy pequeños. Para conocerlos de verdad, hay que ponerse a su nivel y entrar en su hábitat. Acompáñame, pues, en esta aventura por el brillante mundo de los insectos, y descubrirás lo importantes que son.

Jess French

Jess French

CONTENIDOS

La mayoría de las personas piensan en los insectos, en general, como un variado grupo de diminutos animales invertebrados, pero los científicos utilizan nombres específicos para cada clase distinta. Esta **cucaracha con caparazón de arcoíris** es lo que los expertos denominan un hemíptero.

PEQUEÑOS INVERTEBRADOS

Un insecto es un animal diminuto que tiene una enorme familia. Están en casi todas partes del planeta, desde las altas montañas y los desiertos más secos hasta tu propio jardín.

No todos esos pequeños invertebrados son insectos, sino que también encontramos algunos parientes cercanos, todos ellos de la familia de los artrópodos. Tienen diferentes formas y tamaños, pero lo que caracteriza a todas estas criaturas es que no tienen columna vertebral: son animales invertebrados.

Los insectos y sus parientes son algunos de los organismos más importantes del planeta. Sin ellos, la Tierra tendría un aspecto muy diferente y muchas clases de plantas y animales desaparecerían por completo.

Aproximémonos un poco para conocerlos más de cerca...

Invertebrados

Los invertebrados son animales que no tienen columna vertebral. El 97 por ciento de todos los animales del planeta son invertebrados, ¡y hay más de un millón de tipos diferentes!

Todos los animales sin columna vertebral son invertebrados, pero no todos ellos son insectos.

Los vertebrados son animales con columna vertebral, como mamíferos, aves, peces, reptiles y anfibios. ¡Solo representan alrededor del 3 por ciento de todos los animales de la Tierra!

Los vertebrados parecen grandes y fuertes al lado de los invertebrados, pero lo cierto es que sin los insectos y sus parientes ¡la mayoría de los vertebrados se extinguirían!

Un mundo de insectos

Los insectos y sus parientes cercanos contribuyen a que el mundo funcione bien, ya que reciclan nuestra basura, son el alimento de otros animales y polinizan las plantas. Saben adaptarse a diferentes entornos y podemos encontrarlos por todo el mundo.

Los insectos especialmente adaptados sobreviven incluso en entornos difíciles, como en los desiertos calurosos y secos.

VIDA EN COMUNIDAD

Los insectos pueden ser criaturas muy sociales. Aunque algunos prefieren vivir solos, muchos se ayudan entre sí a encontrar comida, construir hogares, cuidar de sus crías y ahuyentar a los depredadores.

Millones de insectos viven bajo tierra, mientras que otros prefieren construir sus casas dentro del agua.

Hace millones de años que existen los insectos. ¡Estaban aquí antes que los dinosaurios!

En los océanos viven insectos extraños y maravillosos.

COMPORTAMIENTO

Los insectos tienen formas especiales de comunicarse entre sí: usan canciones pegadizas ¡e incluso animados bailes!

ÁRBOL DE FAMILIA

La familia de los invertebrados ¡es enorme!

El árbol de familia de los invertebrados se compone de varias ramas. Algunas de las principales son los artrópodos, los gusanos y los moluscos, pero las esponjas, los corales y las estrellas de mar ¡también son invertebrados!

Escorpión de corteza

Garrapata

Ácaro

Araña estrella

Arácnidos

Los arácnidos tienen ocho patas. Su cuerpo está formado por dos partes y no tienen antenas ni alas. También tienen piezas bucales muy especializadas para agarrar presas y picar alimentos.

Araña de seda dorada

Vinagrillo

Tarántula del desierto

Abeja

Pyrochroa coccinea

Caballito del diablo

Insectos

Los insectos son el mayor grupo de artrópodos. Alrededor del 80 por ciento de los animales de la Tierra ¡son insectos! Tienen seis patas, el cuerpo segmentado en tres partes, ojos compuestos y dos antenas movibles.

Insecto palo

ARTRÓPODOS

El mayor grupo de invertebrados son los artrópodos. ¡Es gigantesco!

El 85 por ciento de las especies animales vivas son artrópodos. Todos los artrópodos tienen un esqueleto en el exterior de su cuerpo, piernas articuladas y un cuerpo que se divide en segmentos (secciones). Cuatro de los principales grupos de **artrópodos** son **insectos**, **arácnidos**, **miriápodos** y **crustáceos**.

Hormiga

Insecto hoja

Mariposa atlas

Saltamontes

Mantis religiosa

Crustáceos

Casi todos los crustáceos viven en el agua y están bien adaptados a la vida acuática. Pero hay una pequeña excepción: las cochinillas. Son los únicos crustáceos que pasan toda su vida en tierra y a menudo pueden encontrarse en jardines y bosques.

Cochinillas

Cancer magister

Langosta americana

Miriápodos

Igual que los insectos, los miriápodos tienen un par de antenas, pero en lugar de tres segmentos corporales, ¡pueden tener más de 100! Los milpiés y los ciempiés, los miriápodos más comunes, pueden tener más patas que cualquier otra criatura del planeta.

Milpiés dragón rosado

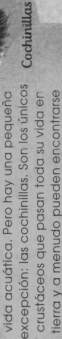

Milpiés pastilla

Ciempiés doméstico

Ciempiés tigre gigante

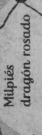

GUSANOS

Los gusanos tienen el cuerpo largo y delgado y no tienen patas. Los gusanos segmentados, como las lombrices de tierra, tienen largos cuerpos divididos en segmentos. Son excelentes excavadores y nadadores. Los gusanos planos son criaturas muy básicas, que generalmente viven como parásitos en los cuerpos de otros animales.

Gusano de tierra

Gusano de manglar rojo

Sanguijuela

MOLUSCOS

Los moluscos son invertebrados de cuerpo blando. La mayoría tienen valvas duras ¡y algunos tentáculos! Muchos de ellos viven en el océano, pero algunos viven en tierra.

Ostra

Pulpo

Babosa

Mejillón

Gasterópodos

El grupo más grande de moluscos son los gasterópodos. Tienen cuerpo musculoso, cientos de pequeños dientes y tentáculos sensoriales. La mayoría de ellos tienen caparazón, pero algunos, como las babosas, no.

Babosa de mar

Caracol de mar

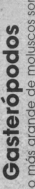

¿Cómo es su cuerpo?

Hay miles de tipos de insectos, pero **todos tienen seis patas y un cuerpo con tres partes.**

La mayoría de los insectos tienen un par de antenas en la cabeza que les ayudan a oler, tocar y notar el sabor.

CABEZA

TÓRAX

ABDOMEN

Antena

Ojo

Ojos

Los insectos pueden tener ojos simples o compuestos. Los ojos compuestos están formados por cientos de pequeñas células que son sensibles a la luz.

Pata

Garra

Patas

Los insectos tienen tres pares de patas con articulaciones. Tienen garras en la punta para aferrarse a las superficies.

Exoesqueleto

Exoesqueleto

La mayoría tienen un caparazón duro: el exoesqueleto.

¿CÓMO ES SU BOCA?

   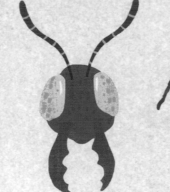

MARIPOSA
Probóscide
La mariposa tiene una lengua larga y hueca que es perfecta para chupar néctar dulce.

MOSCA
Absorbe
La esponja de la mosca absorbe alimentos blandos y líquidos, ¡no necesita masticar!

ESCARABAJO
Mastica
La fuerte mandíbula del escarabajo es capaz de atravesar la madera.

ABEJA
Mastica y lame
La abeja también usa sus piezas bucales para construir el panal.

MOSQUITO
Perfora y succiona
Su boca en forma de aguja puede perforar la piel.

¿CÓMO SON SUS PATAS?

Polen

ESCARABAJO BUCEADOR
Nada
Las largas patas traseras con pelos les ayudan a nadar.

MANTIS RELIGIOSA
Caza
Sus patas delanteras son muy veloces y tienen espinas afiladas para atrapar a sus presas.

ABEJA
Transporta polen
Las abejas tienen filamentos en las patas para recoger y transportar el polen.

GRILLO
Excava
Las patas delanteras en forma de pala ayudan a los grillos a cavar túneles subterráneos.

SALTAMONTES
Salta
Las patas traseras musculares impulsan a los saltamontes en el aire.

Alas escamosas

Las alas de las mariposas están cubiertas de miles de pequeñas escamas. Pueden ser de colores brillantes para atraer a una pareja o para advertir a los depredadores que se mantengan alejados.

Mosca

Con equilibrio

Una mosca tiene un par de alas grandes para volar, y otras pequeñas, llamadas halterios, para mantener el equilibrio.

Mariposa

Alas fascinantes

De todos los animales voladores, los insectos fueron los primeros en llegar al cielo. Millones de años antes que los pterosaurios, los pájaros o los murciélagos, los insectos ya zumbaban, revoloteaban y aleteaban por el aire.

Alas ruidosas

Los grillos emiten sonidos chirriantes frotando las partes superior e inferior de sus alas.

Grillo

Alas veloces

Con sus 72 km/h, las libélulas son los insectos voladores más rápidos. Pueden volar hacia delante, hacia atrás, hacia arriba y hacia abajo. Cada una de sus ligeras y fuertes alas puede moverse de forma independiente.

Abeja

Algunos insectos mueven sus alas con músculos, otros lo hacen cambiando la forma del tórax.

Libélula

Alas enganchadas

Las abejas tienen unos pequeños ganchos que unen sus dos pares de alas, para que el esfuerzo de moverlas sea menor.

Alas protegidas

Los escarabajos tienen alas exteriores duras llamadas élitros para mantener sus alas protegidas cuando no están volando.

Ciervo volante

Ojos espía

Ya sea para **encontrar comida, detectar la luz o escapar de un ataque,** la vista es increíblemente importante para muchos insectos. Sus ojos tienen muchas formas y tamaños diferentes. Algunos insectos tienen múltiples ojos, cada uno con una función especial.

OJOS COMPUESTOS

Los insectos y los crustáceos tienen ojos compuestos que están formados por muchas lentes diminutas. En general, son **idóneos para detectar movimiento,** pero no para distinguir detalles. Las libélulas y las mantis religiosas tienen unos ojos excelentes en ambas cosas.

Los caballitos del diablo tienen dos enormes ojos compuestos que ocupan la mayor parte de su cabeza.

Ojos simples

Ojo compuesto

Caballito del diablo

Las arañas saltadoras tienen ocho ojos simples; cuatro en la parte frontal de la cara y cuatro en la parte superior de la cabeza. Sus numerosos ojos les ayudan a calcular las distancias con precisión, para que puedan saltar sobre su presa.

Araña
saltadora

Moscardón

¿Alguna vez has intentado aplastar una mosca? **Las moscas** pueden ver movimientos hasta cinco veces más rápido que las personas, por eso son tan hábiles para alejarse de nosotros.

OJOS SIMPLES

Algunos artrópodos tienen ojos simples en lugar de ojos compuestos. ¡Y algunos tienen los dos tipos! Los ojos simples generalmente son más pequeños que los ojos compuestos y son **excelentes para detectar cambios en la luz,** lo que ayuda a los insectos a determinar qué hora del día es.

Las mantis religiosas ven el mundo en 3D, como las personas. Esto les ayuda a cazar a sus presas en el aire mientras vuelan.

Los caracoles tienen los ojos al final de las antenas, llamadas tentáculos. Estos parientes de los insectos tienen mala vista, de modo que usan una combinación de tacto y vista para encontrar su camino.

Mantis
religiosa

Caracol
común

Los caracoles son moluscos, un grupo de invertebrados que tienen caparazones protectores duros y tentáculos.

INSECTOS Y OTROS PARIENTES

Los insectos, los arácnidos y otros tipos están muy relacionados con millones de otras pequeñas criaturas porque todos son invertebrados. Este gran grupo de animales incluye artrópodos, gusanos y moluscos.

Aunque pertenecen a una misma familia, los insectos y sus parientes no siempre se parecen. Desde los gusanos que se arrastran hasta las arañas que se escabullen, tienen miles de formas diferentes.

El mayor grupo de invertebrados es el de los artrópodos. Esta gran familia incluye insectos, arácnidos, miriápodos y crustáceos. Y cada una de estas familias cuenta con muchísimos miembros fascinantes.

Con tantas familias de animales raras y maravillosas, siempre hay algo nuevo por descubrir.

Insectos

Los insectos son **el grupo más grande entre los invertebrados** y, de hecho, ¡de todos los animales! Hay más de **un millón de diferentes tipos** de insectos, divididos en 24 grupos. Estos son algunos de los más conocidos...

Cucaracha

CUCARACHAS

Son **especialistas en escabullirse** y suelen estar en la cocina, donde se alimentan de los restos de comida.

ABEJAS, AVISPAS Y HORMIGAS

Estos pequeños insectos suelen vivir juntos en **grandes grupos**. Algunos tienen aguijones, que pueden inyectar un veneno doloroso.

Avispa arenaria

Abeja de las orquídeas

Hormigas

Al buscar comida, las hormigas dejan un **rastro perfumado** para que otras hormigas las sigan.

Insecto hoja

Casi todos los insectos nacen de huevos.

Libélula

LIBÉLULAS Y CABALLITOS DEL DIABLO

Con dos ojos enormes y cuatro alas preciosas, estos insectos son unos increíbles **cazadores voladores**. Comienzan su vida como ninfas que viven bajo el agua.

Insecto palo

INSECTOS PALO E INSECTOS HOJA

Principalmente en ambientes tropicales, estos insectos de movimientos lentos se **camuflan** para confundirse con el entorno.

Caballito del diablo

Polilla

Mariposa

MANTIS RELIGIOSA

Estos **cazadores furtivos** se camuflan en plantas y flores listos para cazar a sus presas en el aire con unas patas delanteras especialmente adaptadas.

Mantis religiosa

MARIPOSAS Y POLILLAS

Con sus hermosas **alas revoloteando**, las mariposas y las polillas alegran los desiertos, las selvas tropicales, las montañas e incluso nuestros jardines.

¡Casi la mitad de los insectos son escarabajos!

Escarabajo de las flores

Escarabajo de la menta

ESCARABAJOS

Este enorme grupo de insectos increíbles vive en todo el mundo. Todos los escarabajos tienen un **exoesqueleto** duro.

Mosquito

Mosca

MOSCAS

Estos pequeños insectos de cuerpo blando tienen dos alas grandes para volar y dos pequeñas para mantener el equilibrio, lo que les permite **moverse muy rápido** por el aire.

Tijereta

TIJERETAS

Generalmente escondidas en grietas y hendiduras, las tijeretas suelen salir por la **noche**. Tienen un cuerpo largo y delgado y pinzas afiladas.

Grillo

SALTAMONTES Y GRILLOS

Estos ruidosos saltadores se ven a menudo por las **praderas**. Las langostas y los saltamontes longicornios también son del mismo grupo.

Chinche de campo

Fulgoromorfo

Cigarra

HEMÍPTEROS

Los insectos con **piezas bucales succionadoras,** como pulgones, cigarras, saltamontes e insectos protectores, se conocen como hemípteros. Se alimentan principalmente de plantas.

Pulgón

Saltamontes

Arañas y escorpiones

Los arácnidos son los cazadores en el mundo de los insectos. Con ocho patas y unas piezas bucales impresionantes, están muy bien preparados para atrapar y matar a sus presas.

Muchas arañas hacen **telarañas de seda** para atrapar a sus presas. Son los únicos arácnidos que pueden hacer seda.

ARAÑAS

Aproximadamente la mitad de todos los arácnidos son arañas. La mayoría tienen colmillos, que usan para inyectar veneno a sus presas, pero muy pocas producen veneno peligroso para los seres humanos.

Las arañas son madres muy cariñosas, ya que llevan consigo sus **sacos de huevos** para proteger a sus bebés no nacidos.

Araña
cavernícola

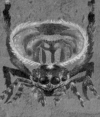

Araña
pavo real
australiana

La araña pavo real no solo tiene colores brillantes, sino que hace algunos **animados movimientos de baile** que usa para presumir y atraer a una pareja.

Araña
de jardín
europea

La mayoría de las arañas y escorpiones producen algún tipo de veneno.

ESCORPIONES

Como todos los arácnidos, los escorpiones tienen ocho patas. También tienen grandes pinzas que en realidad ¡forman parte de su boca! La característica más conocida de un escorpión es su larga cola arqueada, que utiliza para picar y atrapar a su presa.

Los escorpiones tienen un **aguijón** en la punta de la cola para lanzar el veneno.

Las **pinzas** les permiten atrapar a sus presas, recoger agua y bailar con su pareja.

Escorpión
de corteza

Las arañas de agua hacen **burbujas de aire** para respirar bajo el agua.

Araña
de agua

ARÁCNIDOS

El grupo más grande dentro de la familia de los arácnidos son las arañas, pero estas otras criaturas de ocho patas son igual de fascinantes.

Vinagrillo
Este arácnido tropical se protege rociando ácido por la cola.

Araña látigo
A pesar de su nombre, este arácnido cavernícola no es una araña. Utiliza sus patas extralargas para encontrar el camino en la oscuridad.

Ácaros y garrapatas
Estos insectos se llaman parásitos, porque viven de la sangre de otros animales.

Segador
A menudo se confunden con arañas, tal vez por eso también se conocen como arañas patonas.

Milpiés gigante
africano

Milpiés
y ciempiés

Los miembros de la familia de miriápodos,
como milpiés y ciempiés, **¡pueden tener
hasta 750 patas!** Las usan para excavar
túneles bajo tierra y perseguir a sus presas.
Algunos ciempiés utilizan sus patas
puntiagudas para herir a
los enemigos.

Milpiés rojo

Milpiés
pastilla

MILPIÉS

Los milpiés se mueven despacio.
Excavan con sus numerosas
patas, empujando sus cuerpos
lisos y redondeados a través del
suelo y la vegetación podrida.
La mayoría son vegetarianos
y se alimentan de plantas
muertas y hojas caídas.

Milpiés
pastilla

Algunos milpiés,
incluido el **milpiés
gigante africano**,
se convierten en
una bola cuando
se asustan.

Milpiés
de dragón
rosado

Milpiés
abejorro

Los milpiés tienen dos
pares de patas cortas
en cada segmento
del cuerpo.

¡A los milpiés
y a los ciempiés
les vuelven a crecer
las patas perdidas!

Ciempiés
de la selva

CIEMPIÉS

Los ciempiés son cazadores rápidos, que pueden matar a pequeños vertebrados como lagartos, serpientes y murciélagos. Se desplazan ágilmente cuando persiguen a una presa, y pueden dar una picadura venenosa usando sus patas delanteras como colmillos.

Ciempiés
doméstico

Ciempiés
cascada

Los **ciempiés** tienen un par de patas en cada segmento del cuerpo.

Ciempiés tigre
gigante

MIRIÁPODOS

A veces cuesta distinguir a estas criaturas. Vamos a conocerlas mejor.

Milpiés pastilla
A veces confundido con la cochinilla, el milpiés pastilla tiene el cuerpo mucho más corto que otros milpiés.

Milpiés de dorso plano
Como su nombre indica, estos milpiés tienen el cuerpo aplanado en lugar de tener segmentos redondeados.

Ciempiés doméstico
Los ciempiés domésticos de patas largas se encuentran a menudo en las casas, y comen cucarachas y otros insectos.

Escolopendra
Estos enormes ciempiés tropicales cazan aves, anfibios y mamíferos.

Caracoles y babosas marinos

Seguramente ya conoces los caracoles de tierra y las babosas, los gasterópodos que viven en nuestros jardines. Pero algunos de sus parientes más fascinantes se encuentran **arrastrándose por el fondo del mar y flotando con las corrientes oceánicas.**

Muchos gasterópodos respiran con branquias.

CARACOLES

Con unos caparazones en forma de espiral, los caracoles de mar tienen muchos aspectos, tamaños y colores diferentes.

Mariposa de mar ampliada

La mariposa de mar es un **diminuto caracol** de mar. Utiliza su pie, que tiene dos lóbulos en forma de ala, para «volar» boca abajo a través del agua.

Caracol cónico

El caracol cónico usa un **veneno letal** para evitar que su presa se escape.

BABOSAS

El tipo más común es el nudibranquio de colores brillantes. Suele encontrarse en aguas tropicales poco profundas. La mayoría de los nudibranquios tienen dos tentáculos en forma de cuerno y un abanico de branquias plumosas.

Babosa de mar azul

Los nudibranquios son carnívoros. Comen peces, algas, corales ¡e incluso otros nudibranquios!

Nudibranquio dórido

Babosa conejo

GASTERÓPODOS

La mayoría de los gasterópodos viven bajo el agua; solo las babosas y los caracoles son de tierra.

Babosa
Las babosas de cuerpo blando no tienen caparazón visible. Se encuentran en lugares oscuros y húmedos.

Caracol
Los caracoles tienen un caparazón que los protege. Pueden vivir en agua dulce, agua de mar y en tierra.

Lapas
Las valvas en forma de cúpula de las lapas pueden verse a menudo en las costas rocosas.

Abulones
Conocidos como orejas de mar, son buscados por su carne y sus hermosas valvas.

27

Cochinillas

Las cochinillas, unos animales que se encuentran en todo el mundo, **crean sus hogares en lugares frescos y húmedos,** y les gusta especialmente vivir bajo troncos viejos y podridos. Las cochinillas forman parte de una familia de criaturas llamadas crustáceos.

Las cochinillas comen **hongos** y plantas en **descomposición.** Pueden comer incluso ¡su propia **caca**!

Bebés cochinilla

Las madres cochinilla llevan a sus delicados bebés blancos en una bolsa.

Si se asustan, las cochinillas **se esconden en grietas o se acurrucan** en forma de bola.

CRUSTÁCEOS

Las cochinillas son los únicos crustáceos que pueden pasar toda su vida fuera del agua. La gran mayoría de los crustáceos son animales marinos.

Langostas
Viven en el fondo del océano y usan sus garras para atrapar a sus presas.

Cangrejos
Estos crustáceos con pinzas se pueden ver caminando de lado en las costas.

Percebes
Los percebes pueden pegarse a las barcas, a las rocas ¡e incluso a las tortugas y las ballenas!

Kril
Mientras atraviesa el océano, el kril proporcionan alimento a cientos de otros animales marinos.

A pesar de que vive en la tierra, la cochinilla **respira a través de branquias**, como sus parientes marinos.

Araña cochinilla

Donde encuentres una cochinilla, probablemente verás esta araña naranja, que **caza y come cochinillas.**

Cochinilla común

La cochinilla **muda la piel** al crecer.

Sanguijuelas

Succionan la sangre de otros animales; se han utilizado en medicina aplicándolas a los seres humanos.

Gusanos segmentados

A los gusanos segmentados les gustan los ambientes húmedos; por eso solemos ver lombrices cuando llueve. Además de excavar en la tierra, pueden nadar en el agua, deslizarse por la arena mojada ¡y hacer túneles a través del hielo!

Lombriz

Lombrices

Los gusanos segmentados más conocidos son las lombrices. Mezclan y airean la tierra, y esto ayuda a las plantas a crecer.

Las lombrices no tienen pulmones. ¡Respiran oxígeno

GUSANOS

Los gusanos segmentados son uno de los tres grupos principales de gusanos. Los gusanos redondos y los gusanos planos son los otros dos grupos.

¡En movimiento!

Los gusanos segmentados tienen dos conjuntos especiales de músculos, los circulares y los longitudinales. Se mueven y desplazan apretando cada uno de estos músculos a su vez.

a través de la piel!

Lombriz azul gigante

Lombriz azul gigante

¡Estas enormes lombrices australianas pueden llegar hasta los 3 metros de longitud! Cuando se mueven hacen un sonido de gorgoteo.

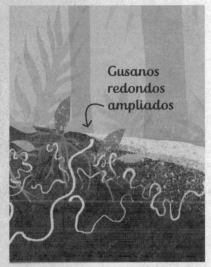

Gusanos redondos ampliados

Gusanos redondos

Los gusanos redondos están en casi todas partes de la Tierra, ¡incluso dentro de los cuerpos de otros animales! Pero son muy pequeños, de modo que hace falta un microscopio para verlos.

Gusanos de manglar rojos

Gusanos planos

Los gusanos planos tienen el cuerpo blando sin segmentos. La mayoría son parásitos (viven en o sobre otros animales). La tenia que padecen los humanos es un tipo de gusano plano.

Las abejas melíferas comienzan su vida en las celdas del interior de la colmena. Pasan por cuatro etapas: huevo, larva, crisálida y abeja.

¿CÓMO ACTÚAN?

El mundo de la naturaleza es enorme, y los insectos, muy pequeños. Pero eso no les impide contarse entre los mejores constructores, soldados y maestros del camuflaje.

Según el lugar donde viven, los insectos necesitan un superpoder diferente. Algunos son fuertes, otros son astutos. Algunos usan sus habilidades para evitar a sus depredadores, otros las usan para atraer a su pareja.

Para algunos insectos, el secreto está en trabajar juntos, en equipo. En las grandes colonias de insectos, cada uno tiene un cometido y su supervivencia depende de las acciones de todos los miembros del grupo.

Los científicos siempre descubren cosas nuevas sobre el extraño y misterioso comportamiento de los insectos.

Orquídeas

Abeja de
las orquídeas

Insectos perfumados
La abeja de las orquídeas macho,
o euglosino, recoge aceites de
estas flores y los usa como
perfume. Parece que esto le
ayuda a atraer a su pareja.

Las abejas
son importantes
polinizadoras.

Polinizadores

Las flores se esfuerzan mucho por atraer a los insectos, porque estos ayudan a polinizarlas. Los atraen con colores brillantes y olores intensos para que vayan a libar su dulce néctar. Cuando un insecto se detiene en una flor para alimentarse, queda cubierto de polen. Así, este mismo insecto transporta el polen a otras flores, lo que les permite producir semillas.

Abejorro

Mariposa
*Euphydryas
anicia*

¡A comer!
Las mariposas y
polillas tienen una
larga lengua parecida
a una paja llamada
probóscide, que se desenrolla
para absorber el néctar de las
flores donde van a comer.

Polilla
esfinge
colibrí

Probóscide

Avispa de los higos

Higo

Hay alrededor
de 900 tipos
diferentes de
higos.

Compañeros
de polinización

Los higos y las avispas
de los higos se
necesitan para
sobrevivir. Cada higo
es polinizado por su
propio tipo especial
de avispa de los higos.
A cambio, la avispa
pasará la mayor parte
de su vida viviendo
cómodamente dentro
del higo que polinizó.

**La planta del
cacao**, que se
utiliza para hacer
chocolate, la
polinizan unas
pequeñas moscas.
Sin ellas, no
tendríamos
chocolate.

Mosca del
cacao

Escarabajo
de las flores

Planta
de cacao

Orquídea abeja

Las flores de la orquídea
abeja tienen un gran parecido
con las abejas hembra, de
manera que engañan a las
abejas macho ¡y las atraen
para que las polinicen!

Los escarabajos
han polinizado las
flores durante más
de 150 millones
de años.

La vida de la polilla

Hay insectos con unos ciclos de vida tan curiosos que parecen mágicos. Comienzan su vida con un aspecto y luego se convierten en algo completamente diferente. **Este proceso se conoce como metamorfosis completa.**

HUEVO

La primera etapa de la metamorfosis completa es el huevo. Cuando la polilla pone sus huevos, estos suelen tardar menos de dos semanas en eclosionar.

Huevo de
mariposa luna

Oruga recién
eclosionada

Las polillas ponen sus huevos en las hojas para que cuando las orugas eclosionen tengan suficiente comida.

Oruga de
mariposa
luna

LARVA

La segunda etapa de la metamorfosis completa es la larva. ¡A las larvas les encanta comer! Necesitan ser grandes y fuertes antes de su gran transformación. Las polillas y las mariposas son orugas durante la etapa larval.

CRISÁLIDA

La tercera etapa de la metamorfosis completa es la crisálida. ¡Aquí se produce la gran transformación! La crisálida no puede moverse, así que debe camuflarse para protegerse de los peligros.

Crisálida de polilla

Las crisálidas de polilla suelen estar envueltas en seda o enterrarse para mantenerse a salvo.

Cuando sus alas se han enderezado y secado, la polilla adulta se va volando para buscar pareja.

Cuando una polilla eclosiona, sus alas están húmedas y arrugadas.

Mariposa luna adulta

ADULTA

La cuarta y última etapa de la metamorfosis completa es cuando la polilla adulta sale de la crisálida; entonces tiene alas y un aspecto totalmente diferente. El objetivo principal de la polilla adulta es aparearse y poner huevos para continuar el ciclo.

¡A limpiar!

La caca de los animales no es muy atractiva para nosotros, pero para los escarabajos peloteros es **comida y refugio**. Tanto si la llevan a su nido como si anidan allí donde cae, una cosa es segura: **los escarabajos peloteros adoran los excrementos.**

¡Los escarabajos peloteros ruedan deprisa para evitar que otros astutos escarabajos **les roben sus bolas de estiércol!**

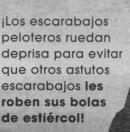

Los escarabajos **peloteros hembras suelen engancharse** en la parte superior de la bola y ponen sus huevos dentro.

¡Una bola de estiércol puede pesar 50 veces más que el escarabajo que la hace rodar!

Espuela

Expertos rodadores

Los escarabajos peloteros macho están bien adaptados a la recolección de estiércol. Las espuelas que tienen en sus fuertes patas traseras les ayudan a empujar las bolas y las transportan haciéndolas rodar.

Escarabajo pelotero

Sin la limpieza que hacen los escarabajos peloteros, ¡los campos y las sabanas estarían llenos de caca de animales!

Cuando necesita moverse rápidamente de un lugar a otro, el escarabajo pelotero despliega sus alas y vuela zumbando por el aire.

Tesoro enterrado

Algunos escarabajos peloteros son expertos «tuneladores». Emplean sus fuertes patas delanteras para cavar un túnel y enterrar su preciosa bola de estiércol bajo tierra.

La apestosa caca de los omnívoros (animales que comen plantas y carne) es más fácil de encontrar, pero los escarabajos peloteros **prefieren la caca de los herbívoros** (que comen plantas), como vacas, ovejas, elefantes y rinocerontes.

Hogar dulce hogar

Mientras algunos escarabajos peloteros hacen rodar las bolas de estiércol hasta sus nidos, otros prefieren enterrarse entre el estiércol y acomodarse allí donde están.

Trabajo en equipo

Encontrar néctar, el líquido azucarado que hay dentro de las flores, es un trabajo difícil. A veces hay que volar mucho para dar con las flores perfectas. Cuando las abejas encuentran una buena fuente de néctar y polen, avisan de su ubicación al resto de la colonia.

Una colonia es un grupo de insectos que viven juntos.

Las flores de dedalera tienen guías de néctar.

Abeja melífera

Abejorro

Canasta de polen

Buscando comida

Hay flores con patrones en sus pétalos llamados guías de néctar. Las abejas usan su excelente vista para seguir estas guías y descubrir el néctar escondido.

Medio de transporte

Una abeja tiene un estómago especial para transportar el néctar a la colmena. Algunas también tienen canastas de polen en sus patas traseras para recolectar y transportar el polen.

El hogar de las abejas se llama **colmena**. Allí transforman **el néctar en miel**.

Abejas melíferas bailando en la colmena.

Bailarinas

Si hay una fuente de néctar cerca de la colmena, las abejas que regresan bailan haciendo círculos. Si las flores están más lejos, las abejas hacen un baile específico, llamado danza de la abeja, que indica a las abejas obreras dónde tienen que ir exactamente a buscar el polen.

El **ángulo** de la danza de la abeja muestra la dirección de las flores.

Las colonias están formadas por una reina, zánganos y miles de obreras. Cada abeja tiene un trabajo específico.

La **duración** de la danza de la abeja indica a qué distancia están las flores.

Construyen celdas hexagonales para guardar la miel.

Colmena

Abejorro bebiendo néctar

41

Insectos que brillan

Los animales que producen luz se llaman bioluminiscentes. Aunque hay varios animales con esta capacidad, como algunas medusas del océano, las luciérnagas son las únicas criaturas brillantes que pueden volar. Vuelan por el aire en busca de una pareja, iluminando el bosque con su bioluminiscencia.

CÓMO SE ILUMINAN

Las luciérnagas crean su luz brillante al mezclar oxígeno y una sustancia llamada luciferina que tienen en el interior del cuerpo.

Photinus adulto macho

Photinus pyralis

Photinus ignitus

Photinus consanguineus

Photinus carolinus
(luciérnaga sincrónica)

Señales únicas

Cada especie de luciérnaga tiene su propio patrón de luces. Algunas brillan continuamente, y otras parpadean a intervalos regulares.

Bailando juntos

Las luciérnagas sincrónicas coordinan un mismo patrón. Millones de estas luciérnagas se reúnen en verano para exhibir su habilidad.

La luz de la luciérnaga es la más eficiente. No pierde casi nada de energía en calor.

Buscando pareja

Machos y hembras usan sus luces para comunicarse y encontrar pareja.

Camuflajes

Los insectos son pequeños y parecen objetivos fáciles para los depredadores. Por suerte, estos maestros del camuflaje han desarrollado **formas ingeniosas para esconderse y no ser detectados a simple vista.**

Mariposa de alas transparentes

Insecto hoja

Mantis hoja muerta

Casi invisibles

Algunos no se conforman con tener un aspecto similar a su entorno, sino que son transparentes. La mariposa de alas claras tiene las alas transparentes, lo que significa que los animales ven a través de ella lo que hay al otro lado.

Matizados

Los insectos camuflados pueden arrastrarse a través de su hábitat sin ser detectados porque se parecen a su entorno. A los atacantes les resulta más difícil encontrarlos.

Insecto espina

Disfrazarse de hoja no siempre es una buena idea. ¡Algunos herbívoros hambrientos confunden a los **insectos hoja** con comida!

Saltamontes cabeza de caballo

¡La **oruga gigante** de los papiliónidos se confunde a menudo con excrementos de pájaro!

Los **insectos espina** parecen una parte de las plantas o ramas en las que se instalan.

Ojos falsos

Algunos insectos tienen manchas que parecen los ojos de un animal más grande. En insectos como orugas y mariposas confunden y asustan a los depredadores y pueden disuadir a las aves y a otros posibles atacantes.

Manchas oculares

Mariposa búho

Crisálida

Las crisálidas de las **mariposas búho** se camuflan en su entorno, y esto las ayuda a permanecer ocultas y fuera de peligro.

¿Sabías que...?

Para algunos insectos, tener un aspecto peligroso es suficiente para asustar a los atacantes. Incluso los insectos inofensivos usan este truco para evitar convertirse en una presa.

Oruga de polilla esfinge

Algunas **orugas de polilla esfinge** engañan a los atacantes haciéndose pasar por serpientes peligrosas.

Muy vistosos

Si eres venenoso, no hace falta esconderse. Los insectos de sabor desagradable o tóxicos suelen ser de colores brillantes para advertir a los depredadores de que no se los coman.

Oruga de pseudoesfinge de tetrio

OÍDO

Un buen oído les ayuda a escapar de los depredadores y a encontrar pareja. Pueden oír sonidos en tonos mucho más altos que nosotros.

Murciélago

Algunas **polillas** oyen los agudos ultrasonidos de los murciélagos y huyen para evitar ser sus presas.

Polilla

Los mosquitos eligen pareja en función del zumbido de sus alas.

Algunos insectos tienen orejas en los lugares más inesperados. ¡Los **saltamontes** las tienen en las patas delanteras!

Las lombrices de tierra no tienen orejas. Detectan el movimiento de animales cercanos por sus vibraciones.

Saltamontes longicornio

Oreja

Supersentidos

Los insectos y sus parientes experimentan el mundo de manera muy diferente a nosotros, pero usan los mismos **cinco sentidos básicos** para sobrevivir.

GUSTO

Nosotros usamos la lengua para degustar. Los insectos y sus parientes pueden **utilizar otras partes del cuerpo**, ¡incluso los pies!

Avispón de cara calva

Mosca de la fruta

Caracol de jardín

Al aterrizar, las moscas usan sus patas para decidir si la comida es buena o nó.

Tentáculo

Las babosas y los caracoles usan sus **tentáculos** para degustar.

El avispón de cara calva es carnívoro, pero también le atraen las sustancias dulces y azucaradas.

OLFATO

Los insectos usan sus antenas para oler su entorno. Las antenas de las polillas son tan sensibles que pueden oler cosas a kilómetros de distancia.

Antena

Mariposa atlas

Las hormigas tienen un fuerte sentido del olfato, que utilizan para identificar a los intrusos en su colonia.

Hormigas

Abeja norteamericana

VISIÓN

Algunos insectos no pueden ver, pero otros pueden ver ¡mucho más que los humanos! La vista es muy importante para los polinizadores, que son atraídos por las plantas más sabrosas por sus flores brillantes y coloridas.

Tábano

Araña de seda de oro

Las **arañas** pueden notar cualquier pequeña **vibración** en su telaraña.

Antena

TACTO

Muchos insectos tienen el cuerpo recubierto de una capa de vello. Esa pelusa es muy sensible a las vibraciones, lo que ayuda a los insectos a detectar depredadores y presas a su alrededor.

Cucaracha americana

Las cucarachas tienen poca visión, de modo que usan sus **antenas** para notar el entorno. También son muy **sensibles a las vibraciones**, por eso son tan asustadizas.

Patinador

Los patinadores o zapateros pueden notar las ondas en la superficie del agua.

A la defensiva

A pesar de todas sus precauciones, a veces los **insectos son atacados**. Y cuando esto ocurre, se protegen de formas a menudo sorprendentes.

Burbujas amargas

Defensa química

Muchos insectos desprenden productos desagradables para ahuyentar a sus atacantes. Si las molestan, algunas polillas producen burbujas amargas.

Las lombrices de tierra secretan moco, una sustancia viscosa que les ayuda a deslizarse por el suelo y alejarse de los enemigos.

Polilla amerila

Lombriz

Siseo

Las cucarachas sisean para ahuyentar a sus atacantes. Este fuerte ruido lo producen al expulsar el aire a través de los orificios de respiración que tienen en ambos lados del cuerpo.

Saltamontes

Patas perdidas

Los saltamontes y otros insectos distraen a sus atacantes ¡dejando caer una de sus patas! Tienen la suerte de recuperar las extremidades perdidas después de las mudas. Una muda es cuando un insecto elimina la piel vieja para dejar paso a la nueva piel.

Cucaracha gigante de Madagascar

Gran evasión

Algunos insectos «se hacen los muertos» si se sienten amenazados. Los escarabajos elatéridos dan un salto mortal en el aire para quedar fuera de peligro.

Elatérido

Muchos insectos están protegidos por un exoesqueleto, una capa externa dura que cubre el cuerpo de un insecto.

Oruga ensillada

Las orugas ensilladas están recubiertas de vello venenoso.

Pelusa peligrosa

Muchas orugas tienen una pelusa que secreta veneno. Este vello causa picazón e irritación dolorosa si un enemigo entra en contacto con ellas.

¡Rodando, rodando!

Al igual que las cochinillas, las avispas cuco pueden enroscarse en forma de bola protectora cuando se sienten amenazadas.

Avispa cuco

Este pájaro utiliza el ácido de las hormigas de la madera para limpiarse las plumas.

Hormigas de defensa

Cuando las hormigas de la madera ven amenazado su nido, meten el abdomen entre las piernas y lanzan un **chorro de ácido** a su atacante. Algunos pájaros hacen que estas hormigas les rocíen sus plumas a propósito para deshacerse de los ácaros.

Larvas

Hormiga obrera

Hormiga de la madera

Las hormigas de la madera a menudo se comen otros insectos, como las orugas.

En un nido puede haber unas **300 000** hormigas.

Los hormigueros tienen que estar a la temperatura adecuada para que las crías sobrevivan.
Por eso lo forran con hierba y pinaza para que se mantenga caliente.

Las hormigas de madera toman el sol fuera del nido. Eso les ayuda a calentar su hogar cuando regresan.

Cuando las crías (larvas) crecen, se convierten en capullos de seda.

Las obreras le llevan alimento a la reina.

Realeza

Algunos nidos de hormigas de la madera solo tienen una reina, pero a veces se unen para formar nidos enormes con muchas reinas. La única función de la reina es poner huevos.

Casi todas las hormigas del nido son obreras. Se ocupan de cuidar de las crías.

Hormiga reina

Huevos

HÁBITATS

¡Los insectos están en todas partes! Dondequiera que vivas, seguro que tienes cerca alguna familia de insectos.

Hace millones de años, los primeros insectos vivían en el océano. Con el tiempo se han extendido por todo el planeta. Se pueden encontrar en el cielo, cavando bajo tierra y en muchos otros lugares.

Los insectos pueden sobrevivir en los sitios más difíciles. Desde desiertos cálidos y secos hasta cimas de montañas heladas, los insectos son expertos en adaptarse al entorno. ¡Algunos incluso se apoderan de las casas de otros insectos y animales!

Sigue leyendo y descubrirás los hermosos y extraños hábitats de los insectos...

Las mariposas monarca evitan el frío invierno de América del Norte haciendo largos viajes hasta los cálidos bosques mexicanos. Una vez allí, pasan meses durmiendo apiñadas en los árboles.

Bajo el agua

Algunos invertebrados viven toda su vida bajo el agua. Sin aire para respirar y rodeados de peces hambrientos, estos ingeniosos insectos han desarrollado **formas fascinantes de sobrevivir en su mundo submarino.**

Efímera adulta

Escarabajos de perinola

Ninfa de efímera

Respirar bajo el agua

Algunos insectos, como las ninfas de efímera, han desarrollado branquias para extraer oxígeno del agua. Pero otros insectos submarinos necesitan obtener su oxígeno del aire.

Exploradores submarinos

Los insectos submarinos se mueven a través de su ecosistema acuoso de muchas maneras diferentes. Algunos nadan por el agua usando sus piernas como remos, otros trepan sobre rocas y plantas. ¡Algunos incluso pueden patinar sobre la superficie del agua!

Los escarabajos buceadores llevan burbujas de aire unidas a su cuerpo.

Escarabajo buceador

Efímera

Libélula

Algunos insectos pasan parte de su vida bajo el agua ¡y parte volando por el aire!

Patinadores

Los barqueros usan sus patas en forma de remo para impulsarse por el agua.

Barquero

Ninfa de libélula

Los escorpiones de agua usan su larga cola como tubo de respiración, lo que les permite permanecer bajo el agua mientras respiran el aire de la superficie.

Cambio de hogar
Algunas libélulas pasan muchos años bajo el agua como ninfas de libélulas antes de eclosionar en libélulas adultas. Y cuando eclosionan, ¡salen del agua liberando burbujas por el trasero!

El caracol manzana producen una capa de moco para deslizarse por las rocas y la vegetación.

Caracol manzana

Cavernícolas

Las cuevas son oscuras, húmedas y silenciosas. Los insectos que viven en ellas están **especialmente adaptados para poder sobrevivir en estas condiciones.** A menudo son ciegos e incoloros, pero algunos tienen sentidos superespeciales.

Los animales adaptados a la vida en las cuevas se llaman troglobios.

Milpiés de cueva

Milpiés de cueva

Al igual que muchos insectos de cueva, los milpiés de cueva son de color blanco. No necesitan camuflarse en su hábitat oscuro porque los depredadores que viven en las cuevas no pueden verlos.

Araña látigo

Araña látigo

Las largas y delgadas patas delanteras de esta araña son sensores. Al tocar suavemente su entorno, una araña látigo puede hacerse una idea de su entorno oscuro y deslizarse atrapando insectos más pequeños.

Gusanos de luz de
Nueva Zelanda

Gusano de luz de Nueva Zelanda

El gusano de luz de Nueva Zelanda brilla como una
luciérnaga. En su estado larval, esta pequeña
criatura cuelga del techo de su cueva en una
hamaca de seda y con unos filamentos de moco
que sirven para atrapar a su presa. Cuando su cola
brilla, los filamentos se iluminan como un árbol de
Navidad, y este brillo es lo que atrae a las presas.

Caracol de
cueva

Caracol de cueva

Estos parientes de
los insectos tienen
concha traslúcida.
La luz pasa a través
de las conchas y les
da un aspecto
fantasmal.

Grillos topo

Los grillos topo pasan
el día durmiendo dentro
de las cuevas, y por la
noche buscan comida
en el mundo exterior.

Grillo topo

¡La caca de
grillo es el
alimento de
insectos de
las cuevas!

Escarabajo de
cueva ciego de
cuello estrecho

Escarabajo de cueva ciego de cuello estrecho

Este escarabajo fue una de las primeras especies
de cueva que se descubrieron. No puede ver y
evita el peligro con el tacto de patas y antenas.

Grandes constructores

Hechos de saliva, excrementos y arcilla, los termiteros son unas estructuras increíbles que una colonia de estos insectos tarda años en construir. Los termiteros más remotos existen desde la época de los antiguos egipcios, ¡y son tan fascinantes como las pirámides!

Los termiteros tienen **formas** y tamaños diferentes.

Algunas aves **anidan en** termiteros.

Las termitas *Cubitermes* hacen termiteros en forma de hongo.

Los **osos hormigueros** usan su lengua larga y pegajosa para alcanzar las termitas del interior.

¡Los **termiteros más grandes** miden más de 6 metros de altura!

Chimenea

Trabajo duro

Cada termita tiene una tarea distinta. Las termitas obreras macho y hembra son responsables de construir y mantener el nido, que puede albergar a más de un millón de sus hermanos y hermanas.

Obrera

Las chimeneas y los tubos permiten que el aire entre y salga y, así, se mantenga una temperatura constante.

Invasores

Hay muchos animales que ocupan estos increíbles termiteros. Las hormigas, las abejas, los lagartos y los loros ¡han vivido en termiteros!

Solo las termitas reproductoras tienen alas. Su trabajo es volar y comenzar nuevas colonias.

La enorme termita **reina** puede poner miles de huevos cada día, que se convierten en crías llamadas ninfas.

Larvas del escarabajo farol

Las larvas del escarabajo farol se entierran en los termiteros y emiten un resplandor verde. Las brillantes luces verdes atraen a sus presas.

Aunque las termitas son similares a las hormigas, en realidad son más **cercanas a las cucarachas.**

Reina

Larvas de termitas

En el termitero, un **laberinto de túneles** lleva a las habitaciones.

Las termitas soldado defienden el termitero contra los intrusos usando sus cabezas blindadas.

Ciclo vital

Las hormigas, las abejas y las avispas pasan por cuatro etapas distintas de la vida: huevo, larva, crisálida y adultas. En cambio, cuando las termitas eclosionan, las crías, parecen pequeños versiones de las adultas.

Soldado

Muchos insectos construyen su hogar
bajo nuestros pies y pasan sus días corriendo
a través de una red de túneles subterráneos.

Los grillos topo hembras oyen los fuertes chirridos que los atraen hacia las cámaras.

Grillos topo

Durante la época de apareamiento, los grillos topo machos cavan cámaras de sonido especiales, que amplifican el volumen de sus cantos.

Unas patas fuertes son básicas para excavar.

El grillo topo macho chirría dentro de su cámara de sonido.

Los grillos topo pasan la mayor parte de su vida en una red de túneles subterráneos.

Las **crisálidas** de muchos insectos viven bajo tierra.

Crisálida

Insectos excavadores

Muchos invertebrados viven y pasan el tiempo escondidos bajo tierra. No usan cascos ni chalecos, pero ¡estos pueden cavar un hoyo mejor que ningún constructor!

Larvas de león de hormigas

Estas larvas excavan cráteres en forma de embudo en la arena suave, y después se refugian y esperan en el fondo. Cuando una hormiga cae en la trampa, arrojan granos de arena a su víctima hasta que cae en sus fauces.

Las larvas de león de hormigas se convierten en mirmeleóntidos, de aspecto parecido al de un caballito del diablo.

¡**Las larvas de león de hormigas** tienen una mandíbula tan grande como su cabezal

Arañas trampilla

Estas arañas viven en túneles recubiertos de seda, que excavan con la boca. Se esperan detrás de las puertas hechas de seda y se abalanzan sobre los insectos desprevenidos cuando pasan por allí.

Las arañas trampilla hembras pueden pasar toda la vida en su túnel, haciéndolo más ancho a medida que crecen.

Avispas excavadoras

La avispa excavadora solitaria pone cada huevo en su propio nido bajo tierra, que excava con los pelos espinosos de sus patas. Antes de sellar cada agujero, mete dentro insectos paralizados para que sus crías se alimenten al eclosionar.

Avispa excavadora

Pelos espinosos

Insectos piratas

¡Plástico a la vista! La acumulación de desechos en el mar es muy perjudicial para el planeta. Pero hay una criatura que crea su hogar en nuestros restos de plástico: el halobates o «patinador marino».

La vida en el mar

Los halobates pasan toda su vida en el océano. Son los únicos insectos que pueden **sobrevivir** a las grandes olas de agua fría y salada.

Halobates

Se han encontrado colonias de halobates que viven en la isla de basura del Pacífico, una enorme zona de desechos flotantes en medio del océano.

Peligro en el futuro

Un exceso de halobates altera el equilibrio del ecosistema del océano. Se comen el plancton del que dependen otras criaturas para sobrevivir, como las ballenas.

Plancton ampliado

Antes de la llegada del plástico, los halobates ponían sus huevos en plumas y conchas.

Los halobates flotan en unas pequeñas burbujas que se adhieren a los pelos de sus seis patas.

Huevos

Entornos extremos

Desde glaciares hasta desiertos, y desde cimas de montañas hasta las profundidades del océano, **¡los insectos y sus parientes pueden sobrevivir en casi cualquier lugar!**

El **escarabajo de la niebla** recoge el rocío de la mañana en su cuerpo, y después se pone cabeza abajo para que el líquido gotee dentro de su boca y beberlo.

A lo largo de los años, las capas de nieve que cae en las montañas se comprimen y se convierten en hielo, formando glaciares. Los pequeños **gusanos de hielo** pueden abrirse paso a través de las grietas de los glaciares y comerse las algas que crecen allí.

Las **arañas flic-flac** ruedan sobre la arena para huir del peligro.

Las **chinches de hielo** están tan bien adaptadas al frío que el simple hecho de sostenerlas en tus manos calientes las podría matar.

Las **orugas oso lanudo** tienen anticongelante en la sangre para evitar que el agua de su cuerpo se convierta en hielo.

A pesar de su nombre, las **arañas camello** no son arañas en realidad, sino arácnidos feroces que pueden derribar insectos venenosos como ciempiés y escorpiones. Evitan el ardiente sol del desierto cazando de noche.

TUNDRA

En un paisaje de **nieve y hielo**, donde crecen muy pocas plantas, los insectos se enfrentan a **inviernos duros y fríos**.

DESIERTO

El **clima cálido y seco** convierte los desierto en uno de los hábitats más desafiantes para la supervivencia de los insectos.

Los **abejorros del Ártico** tienen el pelo más grueso que sus parientes del sur, lo que les permite resistir el frío.

Los **gusanos de tubo gigantes** dependen de las bacterias para sobrevivir. Pueden crecer hasta más de 1,8 metros de longitud.

Las **pulgas de nieve** tienen partes especiales del cuerpo en forma de resorte para poder saltar sobre la nieve.

Las **arañas saltarinas del Himalaya** viven en algunas de las montañas más altas del mundo, incluido el monte Everest.

Estos parientes de los insectos son los **cangrejos yeti**. Recogen bacterias en sus brazos erizados.

Los **mejillones de aguas profundas** crecen en el agua sulfurosa producida por los respiraderos.

MONTAÑAS

En lo alto de las montañas, los insectos deben sobrevivir con **poco aire y comida**, y soportar las bajas temperaturas.

FUENTES HIDROTERMALES

Las fuentes o respiraderos son fisuras del fondo del mar de las que brota agua hirviendo. Muchas **bacterias** viven aquí.

LOS INSECTOS Y YO

Durante millones de años, los insectos han vivido y crecido en el planeta. Pero desde que los humanos existen, la vida ha cambiado para casi todos los animales, incluidos los insectos.

El mundo de los insectos está cambiando. Algunas especies han aumentado en número, a menudo como resultado de la actividad humana. Pero otras poblaciones de insectos han disminuido, y algunas especies están en peligro de desaparecer por completo.

Si tratamos bien el medio ambiente, insectos y personas podrán vivir en armonía durante muchos años. Cada vez que usamos, comemos o cultivamos insectos, debemos hacerlo de forma responsable, respetuosa y sostenible.

Sobre todo debemos recordar que, aunque los insectos son pequeños, son muy importantes para el planeta, así que hay que hacer todo lo posible para protegerlos.

Orugas de mariposa pavo real. Recoger insectos puede ser una excelente manera de aprender más sobre ellos, pero recuerda siempre que debes volver a dejarlos donde los encontraste cuando los hayas examinado.

Supertienda

ARAÑAS

Seda de araña

Es resistente, fuerte y muy ligera. Se ha utilizado para hacer tela e incluso cuerdas de violín, pero es muy difícil de extraer en gran cantidad, así que no se usa con frecuencia.

OSTRAS

ABIERTO

Perlas

Algunos moluscos, como las ostras y los mejillones, producen perlas cuando entra en su caparazón algún fragmento de materia que no debería estar allí. Las perlas se usan en joyería.

GUSANOS DE SEDA

Seda

La mayor parte de la seda que utilizamos viene de los capullos de los gusanos de morera.

Durante más de 5000 años, los capullos de gusanos de seda de morera se han utilizado para producir artículos de tela de gran calidad.

Es increíble la cantidad de materiales que los insectos y sus parientes pueden producir. Hace miles de años, las personas se dieron cuenta de lo útiles que podían ser los productos fabricados con insectos, y así comenzó la cría de insectos. Estos productos se pueden encontrar en todo el mundo.

ABEJAS

Miel
La primera vez que los humanos recolectaron miel de abejas fue hace 10 000 años. Ahora, crlar abejas y producir miel es un gran negocio.

Cera de abejas
Las abejas melíferas obreras hacen una cera especial para construir el panal. Se emplea para hacer velas y barniz.

Jalea real
Las abejas hacen jalea real para alimentar a sus crías y a su reina. La usamos en cremas.

INSECTOS

Colorante
Algunos colorantes alimentarios rojos están hechos de Insectos escama molidos de América del Sur.

Veneno
El veneno puede parecer algo mortal, pero es útil en medicina. El de abeja y el de hormiga se usan para tratar articulaciones inflamadas y piel dañada.

PROBLEMAS

Piénsalo bien
Los insectos producen muchos materiales útiles, pero la forma en que recolectamos y procesamos estos productos puede ser cruel. Las crisálidas de los gusanos de seda mueren al destruir sus capullos para hacer seda, y hay que matar a muchos insectos escama para producir una pequeña cantidad de colorante. Es importante pensar en ello antes de comprar productos hechos de materiales de insectos.

En el menú

Gente de todo el mundo ha comido estos pequeños animales desde las primeras civilizaciones. Aproximadamente una cuarta parte de la población mundial todavía come insectos, ¡y hay más de 2000 tipos diferentes para elegir! En el futuro, la comida a base de insectos podría ser una de las principales fuentes de proteínas para nuestra creciente población.

PRIMER PLATO

Orugas mopane

Hervidas y secadas al sol, las orugas mopane son ricas en hierro, magnesio y zinc.

Hormigas

Las hormigas del limón de la selva amazónica refrescan la boca durante las comidas.

Tarántulas

Las arañas fritas son un tentempié muy típico en Camboya.

Insectos palo

Con un gusto especial, los insectos palo tienen un sabor parecido al de una ramita.

Escamoles

También conocido como caviar de insecto, estas larvas de hormiga mexicana saben a queso crema suave y mantecoso.

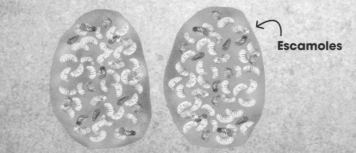

Escamoles

PLATO PRINCIPAL

Cucarachas

Cuando se alimentan de frutas y verduras, las cucarachas están llenas de vitaminas.

Cucarachas

Termitas

Las termitas asadas rezuman grasa, además de ser una gran fuente de proteínas.

Langostas

Fritas o hervidas en un caldo, las langostas tienen un sabor ligeramente dulce.

Chinches de agua gigantes

Muy apreciadas en Tailandia y Vietnam, las chinches de agua gigantes saben a huevos revueltos con pescado.

Hormigas culonas

Un manjar en Colombia, las hormigas culonas tienen un intenso sabor salado.

↰ **Hormigas culonas**

POSTRE

Chinches

No te desanimes por su desagradable olor. Cocinadas, ¡saben a manzanas!

Pulgones

Llenos de dulce savia, los pulgones se pueden mezclar para hacer jarabe.

Cigarras

Estos insectos de alas largas a menudo se cocinan con suero de leche. Tienen un suave sabor de nuez.

Hormigas meleras

Las hormigas meleras son perfectas para esparcir sobre un helado. Su abdomen parecido a una uva está lleno de líquido dulce y caliente.

Es importante que los insectos que comemos no estén en peligro y que se críen de forma responsable.

ESPECIALIDADES

Pastel de Kunga
Espeso pastel lleno de millones de mosquitos aplastados, que se puede comer solo o usarlo para añadir sabor a otros platos.

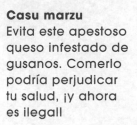

Casu marzu
Evita este apestoso queso infestado de gusanos. Comerlo podría perjudicar tu salud, ¡y ahora es ilegal!

Larvas witchetty
Cuando se come cruda, la carne suave de este insecto tiene sabor de almendras.

Chapulines
En México, los chapulines (saltamontes) se tuestan con lima, ajo y sal, y se sirven con una tortilla de maíz.

Sopa de hormigas
Consumidas en Asia, las hormigas o los huevos de hormiga dan un sabor agrio a la sopa picante.

Quiche de gusanos de la harina
Espolvoreados sobre un quiche, los gusanos de la harina saben a nuez ¡y dan un toque crujiente!

Ayudar al planeta

Muchas personas ven los insectos como plagas, pero la mayoría de ellos son muy útiles. De hecho, **sin los insectos y sus parientes, la vida en la Tierra sería completamente diferente.** Son vitales para nuestra supervivencia y para la supervivencia del planeta. Sin estos pequeños héroes, el mundo tal como lo conocemos no existiría.

Polinizadores importantes

Imagínate que no hubiera insectos para polinizar frutas y verduras. Sin insectos, un tercio de nuestras plantas de cultivo y numerosas plantas silvestres desaparecerían.

Mirlo americano comiendo una lombriz de tierra

Cadena alimentaria

Son pequeños, pero los insectos y sus parientes tienen un papel muy importante al principio de la cadena alimentaria. Son alimento para muchos anfibios, aves, mamíferos y reptiles.

En el delicado equilibrio de la naturaleza, cada criatura tiene un papel importante.

Control de plagas

Los insectos depredadores mantienen muchas plagas bajo control, pues al comerlas evitan que se destruyan los cultivos.

Mariquita comiendo un pulgón

Entusiastas del reciclaje

El equipo de limpieza de la naturaleza recoge los materiales de desecho y los reutiliza como alimento. Animales y plantas muertos y excrementos serían un problema sin los insectos y sus parientes.

Milpiés pastilla comiendo madera podrida

Jardineros naturales

Insectos y sus parientes preparan el suelo para ayudar al crecimiento de las plantas. Sus excrementos sirven de abono y hacen túneles con los que el agua y el aire llegan a las raíces de las plantas.

Las polillas son atraídas por fuentes de luz artificial.

Insectos en peligro

Por desgracia, los insectos desaparecen rápidamente en todo el mundo. Esto se debe sobre todo a los cambios que los humanos hemos hecho en el planeta. Si no modificamos nuestro comportamiento, desaparecerán por completo.

Muchos insectos usan la luz natural del Sol y la Luna para orientarse y saber la hora que es. La luz artificial los confunde y los atrae hacia lugares equivocados.

Cambio climático

El aumento de la temperatura global y el cambio climático afectan al crecimiento de plantas y flores. En ocasiones, esto significa que la comida para los insectos no está siempre disponible. Si los insectos no pueden encontrar la comida que necesitan, entonces los animales que comen insectos también están en riesgo.

Pérdida de hábitats

Al crecer las ciudades, se pierden espacios naturales y se talan los bosques. Cada vez hay menos lugares para que los insectos vivan y se alimenten.

Paraíso perdido

Los jardines siempre fueron paraísos de insectos. Pero a medida que se instalan más cercas, se arregla el césped y se colocan placas de plástico y cemento, es más difícil que los insectos sobrevivan.

Los productos químicos se esparcen en los cultivos con aviones especiales.

Químicos dañinos

Los pesticidas son productos químicos utilizados por los agricultores para mantener sus cultivos libres de plagas, enfermedades y maleza. Pero pueden matar tanto a los insectos útiles como a las plagas, y son particularmente dañinos para las abejas.

Cómo ayudar

Los insectos merecen que los cuidemos.
Después de todo, trabajan para mantener el planeta en óptimas condiciones. Ayúdalos construyéndoles un hogar acogedor.

HOTEL PARA INSECTOS

Busca un lugar en el exterior para construir tu propio hotel de insectos: es una buena manera de ayudar a los insectos y reciclar las malas hierbas del jardín. Ya sea grande o pequeño, los insectos tendrán un lugar seguro donde alojarse.

Llena un plato de guijarros y ponle agua. ¡A tus invitados les gustará beber!

Pide a un adulto que te ayude con los materiales pesados y a que sea estable.

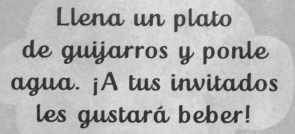

Recoger
Reúne materiales para tu hotel de insectos. Casi cualquier cosa puede servir de hogar a los insectos, pero los materiales naturales son los mejores. Busca ramas podridas, cortezas, ramitas, piñas, hojas secas, cañas de bambú, troncos, heno y paja. ¡La lista de cosas que puedes usar es interminable!

Construir
Busca el lugar perfecto para construir tu hotel en una superficie llana. Coloca los ladrillos de manera uniforme en el suelo, y después apila algunos palets de madera viejos en la parte superior. Construye con cuidado, ¡que no se derrumbe tu hotel!

Algunos insectos vendrán a tu hotel para hacer una visita breve, mientras que otros tal vez deciden hibernar allí durante los fríos meses de invierno.

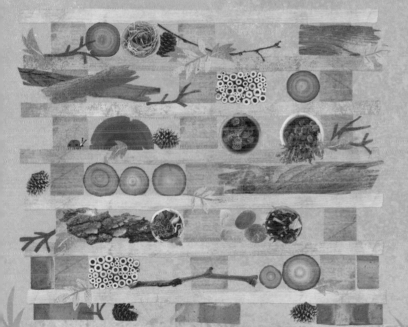

Llenar

Sé creativo y llena los espacios entre los palets. Comienza agregando materiales más grandes como macetas y ramas, y llena después gradualmente los espacios más pequeños con cosas como piñas y tallos de plantas. Puedes usar paja y cortar hierba para llenar los huecos muy pequeños.

Decorar

Dale los toques finales a tu hotel. Haz un cartel y planta flores ricas en néctar, como las margaritas, alrededor: son el regalo perfecto para las abejas y otros huéspedes polinizadores. Después, siéntate y observa cómo actúan tus pequeños amigos.

Glosario

ABDOMEN
Parte trasera del cuerpo de un insecto.

ANTENAS
Par de sensores ubicados cerca de la parte anterior de la cabeza del insecto.

ARÁCNIDO
Artrópodo con ocho patas y dos segmentos corporales, como arañas, escorpiones y ácaros.

ARTRÓPODO
Invertebrado con patas articuladas, cuerpo segmentado y esqueleto externo duro, como insectos, arácnidos y miriápodos.

BIOLUMINISCENCIA
Reacción química por la que un animal produce luz.

CAMUFLAJE
Colores, patrones o formas que ayudan a los insectos a mezclarse con el entorno.

CAPULLO
Estuche de seda que hacen las larvas de muchos insectos en los que se convierten en crisálidas.

CARROÑERO
Animal que se alimenta de animales muertos, plantas y basura.

COLONIA
Grupo de animales, todos de la misma especie, que viven juntos.

CRISÁLIDA
Insecto en la tercera etapa de metamorfosis completa; entre larva y adulto.

CRUSTÁCEO
Tipo de artrópodo que generalmente es acuático y respira a través de branquias, como langostas y camarones.

DEPREDADOR
Animal que caza a otros para alimentarse.

ESPECIES
Grupos de animales o plantas que comparten características.

EXOESQUELETO
Esqueleto duro y externo que rodea el cuerpo de un artrópodo, y le da forma y protección.

GASTERÓPODO
Criatura de cuerpo blando que tiene tentáculos y cientos de dientes, y que constituyen el grupo más grande de moluscos.

HÁBITAT
Hogar natural de plantas o animales, como un bosque, pradera o selva tropical.

INSECTO
Artrópodo con un cuerpo formado por tres partes y seis patas.

INVERTEBRADO
Animal sin columna vertebral.

LARVA
Insecto joven que está en la segunda etapa de metamorfosis completa.

METAMORFOSIS
Proceso en que un animal cambia de forma joven a adulta en etapas.

MOLUSCO
Pequeño invertebrado de cuerpo blando, como una babosa o un caracol. La mayoría tienen conchas. Los moluscos más comunes son los gasterópodos.

MIRIÁPODO
Tipo de artrópodo con muchas patas, como un ciempiés o un milpiés.

NÉCTAR
Líquido azucarado que producen las flores para atraer insectos.

NINFA
Insecto que se encuentra en una etapa temprana de metamorfosis incompleta.

OJOS COMPUESTOS
Ojos que están formados por muchas lentes diminutas. Se pueden encontrar en insectos y algunos crustáceos.

OXÍGENO
Gas en el aire que todos los seres vivos necesitan para vivir.

PARÁSITO
Animal que vive en el cuerpo de otra especie, conocido como el anfitrión. Lo daña, pero rara vez lo mata.

PLAGA
Animal dañino que ataca o destruye cosas, incluidos los cultivos.

POLEN
Pequeños granos que se unen con los huevos de una planta para que pueda producir semillas.

POLINIZACIÓN
Cuando pequeños granos de polen fertilizan las plantas hembras para producir semillas y cultivar nuevas plantas.

PRESA
Animal que otros animales cazan para alimentarse.

REPRODUCCIÓN
Cuando las plantas o los animales producen otros seres con sus mismas características.

TÓRAX
Parte media del cuerpo de un insecto.

VENENO
Sustancia nociva o tóxica inyectada por un animal o una planta.

VERTEBRADO
Animal con columna vertebral.

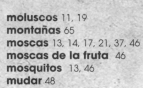

Índice

Agradecimientos

El editor quiere agradecer su ayuda a las siguientes personas: Hélène Hilton por la revisión; Cécile Landau por su ayuda editorial; Polly Appleton y Eleanor Bates por su ayuda en el diseño; Dragana Puvacic por la ayuda en preproducción; Helen Peters por el índice; Gary Ombler por fotografía adicional; y Tom Morse por su ayuda en CTS. Muchas gracias a Martin French de BugzUK.

CRÉDITOS DE IMAGEN

El editor quiere agradecer a estas personas y entidades su permiso para reproducir las fotografías:

Clave: a=arriba; b=debajo/abajo; c=centro; f=fondo; l=izquierda; r=derecha; t=parte superior.

1 Dreamstime.com: Apisit Wilaijit (fbi). 2-3 Dreamstime.com: Designprintck (fondo). 4-5 123RF.com: Mohd Hairul Fiza Musa. 5 Dreamstime.com: Designprintck. 6 123RF.com: sunshinesmile (cda/mariposa, ca, sc, ca/mariposa 1, cia, fcib, cib, cb, cd). Dreamstime.com: Alle (cda, ci). 7 123RF.com: Panu Ruangjan / panuruangjan (ca). 8 Dorling Kindersley: Peter Warren (fcib). Dreamstime.com: Tirrasa (cib/mariquita); Svetlana Larina / Blair_witch (cib). 9 Dorling Kindersley: Jerry Young (bi). Dreamstime.com: Fibobjects (cib/margarita); Sarah2 (cib, sc). PunchStock: Corbis (cib/mariposa). 10-11 Dorling Kindersley: RHS Wisley (flores amarillas). 10 Dorling Kindersley: Gyuri Csoka Cyorgy (c); Jerry Young (cb). Dreamstime.com: Designprintck (i/fondo); Sarah2 (sc). Fotolia: Photomic (cb/polilla). 11 Dorling Kindersley: Linda Pitkin (cd). iStockphoto.com: Mrfiza (bd). 12 Dreamstime.com: Cosmin Manci / Cosmin. 14 123RF.com: Alexandr Pakhyushchyy / alekss (cda); sunshinesmile (si). 15 123RF.com: Kriachko (b). Dreamstime.com: Alle (ci). 16 Dreamstime.com: Razvan Cornel Constantin (b). 17 Dorling Kindersley: Jerry Young (bi). Dreamstime.com: Cherdchai Chaivimol (td); Kunchit Jantana (bd). 18-19 123RF.com: Vaclav Volrab. 19 Dorling Kindersley: Jerry Young (bc). Dreamstime.com: Designprintck (fondo). 20-21 Dreamstime.com: Designprintck (fondo). 20 Dorling Kindersley: Jerry Young (bi). 21 123RF.com: huandi (ci); Narupon Nimpaiboon (fcib); Eric Isselee (ci). Alamy Stock Photo: imageBROKER (cib, bc); Konstantin Nechaev (cda); VisualNarrative (cb/Green grocer). Dreamstime.com: Monypat7 (bd). 22 123RF.com: Marina Gloria Gallud Carbonell. 23 Dreamstime.com: Designprintck (d/fondo); Isselee (sc). 24 Dorling Kindersley: Stephen Oliver (s). 25 123RF.com: Bonzami Emmanuelle (cdb/escolopendra); Song Qiuju (cdb). Dreamstime.com: Designprintck (d/fondo). 26 123RF.com: Ten Theeralerttham / rawangtak (bd). Alamy Stock Photo: Blickwinkel (c). Ardea: Paulo Di Oliviera (cib). Dorling Kindersley: Linda Pitkin (b). 26-27 123RF.com: Ten Theeralerttham / rawangtak (c). 27 Dorling Kindersley: Holts Gems (c/coral); Linda Pitkin (cb); Natural History Museum, Londres (cib). Dreamstime.com: Andamanse (bc); Designprintck (d/fondo); Brad Calkins / Bradcalkins (cd). Getty Images: Antonio Camacho (c). 28-29 Dreamstime.com: Sergei Razvodovskij / Snr (hojas). 28 Dorling Kindersley: Jerry Young (cdb). 29 Dorling Kindersley: Peter Warren (bi); Jerry Young (fcib, sb, cb/cochinilla). Dreamstime.com: Designprintck (d). 30 Dorling Kindersley: Thomas Marent (sc); Stephen Oliver (ci, cib). 31 Alamy Stock Photo: Ephotocorp (cb). Dreamstime.com: Designprintck (d/fondo). 32-33 Getty Images: Paul Starosta. 33 Dreamstime.com:

Designprintck (fondo). 34 Getty Images: Buddy Mays (cib). 35 Dorling Kindersley: Barrie Watts (ca); Tyler Christensen (ca/avispa de los higos). 36 Alamy Stock Photo: Papilio (cib). SuperStock: Animals Animals (cda, bd). 37 Alamy Stock Photo: Pixels of Nature (i). Dreamstime.com: Melinda Fawver (cda). 38 Dreamstime.com: Cynoclub (cda). naturepl.com: Barry Mansell (c); MYN / Clay Bolt (cdb). 39 123RF.com: Pan Xunbin (cda). Alamy Stock Photo: Rolf Nussbaumer Photography (cib). Dreamstime.com: Neal Cooper (cb); Duncan Noakes (bd). 40 123RF.com: Elen1 (c); Oksana Tkachuk (bc); Peterwaters (ca). 40-41 Dreamstime.com: Fibobjects (b). 41 123RF.com: Oksana Tkachuk / ksena32 (cb, cdb); Peterwaters (cda). 42 Dorling Kindersley: NASA (s). Getty Images: James Jordan Photography (bc). 44 123RF.com: ankorlight (sd); Tyler Fox (cdb). 45 123RF.com: Caritaliberato (bc). Dorling Kindersley: Natural History Museum (ca). naturepl.com: Mark Bowler (ca). 46 Dreamstime.com: Bruce Macqueen / Lightwriter1949 (bd); Roblan (cib/todas las moscas). 47 123RF.com: Andrey Pavlov (ca); Aukid Phumsirichat (ci). Alamy Stock Photo: Blickwinkel (si). Dreamstime.com: Katrina Brown / Tobkatrina (cda). 48 Alamy Stock Photo: Avalon / Photoshot License (c). Dreamstime.com: Mr. Smith Chetanachan (bi); Michieldewit (cd); Monypat7 (cdb). 49 Dreamstime.com: Steve Byland (c). Science Photo Library: Claude Nuridsany & Marie Perennou (cdb). 50 123RF.com: Christian Mueringer (bi, cib); Sebastian Vervenne (sc). Dreamstime.com: Tirrasa (cib/mariquita). 50-51 Dreamstime.com: Vladimirdavydov (hormigas). 51 123RF.com: Christian Mueringer (cia, cd, cdb, bd). Dreamstime.com: Poravute Siriphiroon (bc); Tirrasa (cd/mariquita). 52-53 Alamy Stock Photo: Brian Overcast. Dreamstime.com: Designprintck (fondo); Jens Stolt / Jpsdk (cdb). 54-55 123RF.com: Pan Xunbin (ca). 54 Dorling Kindersley: Peter Anderson (bd); Natural History Museum, Londres (cia). 55 Dorling Kindersley: Natural History Museum, Londres (s). Dreamstime.com: Cynoclub (cda); Pnwnature (c). 56-57 123RF.com: Marina Gloria Gallud Carbonell (b/fondo). 57 Dorling Kindersley: Natural History Museum, Londres (cb, cd, cdb). Dreamstime.com: Mark Eaton (bd). 58 naturepl.com: John Abbott (c, cdb, sd, cda). 58-59 Dorling Kindersley: Lynette Schimming (todas). 59 123RF.com: Werayut Nueathong (ci). Dreamstime.com: Apisit Wilaijit (bd). naturepl.com: John Abbott (ti, bi, cia, cb, cda, sc). 60-61 Dreamstime.com: Sergey Tolmachyov (b). 63 Dorling Kindersley: Natural History Museum, Londres (cib). 64 123RF.com: Charles Brutlag (cib). Alamy Stock Photo: Westend61 GmbH (cd); Ann and Steve Toon (ca). naturepl.com: Emanuele Biggi (cb/araña camello); Nature Production (cb). 65 Alamy Stock Photo: Nigel Cattlin (cb). naturepl.com: Gavin Maxwell (cib); David Shale (cb/cangrejo Yeti). 66-67 Getty Images: Westend61. 67 Dreamstime.com: Designprintck (fondo). 68 123RF.com: nito500 (cib/flores). Alamy Stock Photo: PhotoSpin,Inc (cib). Dorling Kindersley: Natural History Museum, Londres (fcd). Dreamstime.com: Fotofred (bi); Luanateutzi (cd). 69 123RF.com: nito500 (cdb); Peterwaters (bd). Dorling Kindersley: Stephen Oliver (ca). 70 Dreamstime.com: Monypat7 (sc). 72 Alamy Stock Photo: Design Pics Inc (cb). Dorling Kindersley: Stephen Oliver (bi). Dreamstime.com: Brad Calkins / Bradcalkins (cd); Svetlana Larina / Blair_witch (cda). 73 Dreamstime.com: Tirrasa (sd). Fotolia: Giuliano2022 (bd); Eric Isselee (cb). 74 Dorling Kindersley: Natural History Museum, Londres (cda, ca, ca/Callimorpha dominula, cib, cdb, fcd, cd, ca/Pseudoips prasinana, ca/Pseudoips prasinana 1, ci). Fotolia: Photomic (cda/polilla gigante del Atlas, ci/polilla gigante del Atlas). 77 123RF.com: nito500 (cb). 78-79 Dreamstime.com: Designprintck (fondo). 80 Dreamstime.com: Designprintck (fondo)

Imágenes de la cubierta: *Frontal:* Alamy Stock Photo: Panther Media GmbH cib; Dorling Kindersley: Ian Cuppleditch bi/ (fagus), bd/ (fagus), Gyuri Csoka Cyorgy bd, James Laswel sc, Natural History Museum, Londres bi,

Jerry Young cb; Dreamstime.com: Carlosphotos cra, Sarah2 fbd, Tirrasa bi/ (mariquita), si, cia/ (mariquita), Svetlana Larina / Blair_witch cia; PunchStock: Corbis cdb; *Contracubierta:* Dorling Kindersley: Ian Cuppleditch ti, Gyuri Csoka Cyorgy ca/ (escarabajo), Natural History Museum, Londres cia, Jerry Young cda, bc; Dreamstime.com: Carlosphotos cib, Tirrasa cda/ (mariquieta), Svetlana Larina / Blair_witch cda/ (mariposa); PunchStock: Corbis ca.

Imágenes de las guardas: *Anterior:* Dreamstime.com: Tirrasa (todas); *Posterior:* Dreamstime.com: Tirrasa (todas).

Resto de las imágenes: © Dorling Kindersley
Para más información ver: www.dkimages.com

SOBRE LA ILUSTRADORA

Claire McElfatrick es artista independiente. Antes de ilustrar libros para niños trabajaba haciendo tarjetas de felicitación ilustradas. Sus dibujos hechos a mano y combinados para *The Magic & Mystery of Trees* y *The Book of Brilliant Bugs* están inspirados en su hogar de la Inglaterra rural.